AF578651

VAGNER XAVIER

E CHI POTREBBE TOLLERARE QUEL CIELO

♦

POESIA

EDIZIONI WE

Poesie di Vagner Xavier
"E chi potrebbe tollerare quel cielo"
I Edizione

Il disegno in copertina è dell'artista brasiliano
Luan Lima

Poesie tradotte dalla scrittrice italo-brasiliana
Simona Adivíncula

ISBN 979-12-5497-204-5

Via Paulli 10/A – 26015 – Soresina (CR)

www.clickpertutti.com
www.edizioniwe.com
www.facebook.com/edizioniwe
www.instagram.com/edizioniwe
info@edizioniwe.com

PREFAZIONE

di Tiago Rafael*

Non sono un poeta.

Non lo sono mai stato, ma invidio - con quella sorta di ammirazione un po' amara - chi riesce a prendere le parole e farle colpire come un pugno nello stomaco o accarezzare come una brezza inaspettata.

La poesia di **Vagner Xavier** fa entrambe le cose, a volte nella stessa riga. ***"E chi potrebbe tollerare quel cielo*** " non è un libro per chi cerca un facile conforto o frasi belle da calendario.

È un invito a perdersi, inciampare e, con un po' di fortuna, trovare qualche verità brutta e meravigliosa lungo il cammino.

Nelle pagine che seguono, riderai, ti sentirai a disagio, forse persino un po' esposto.

Perché Vagner scrive come chi sputa verità che non hanno paura di sporcare.

Trasforma il quotidiano in munizioni e spara senza preavviso, sia quando parla di amori andati, di città che soffocano o di sogni che sanguinano. Qui non ci sono cornici; solo parole crude e dolorosamente umane.

Questo libro è un po' caos, un po' confessione e molto di ciò che tendiamo a evitare di guardare allo specchio.

È come sedersi accanto a qualcuno in un bar che non hai il coraggio di ignorare, perché sembra sapere qualcosa che tu non sai - e che forse nemmeno vuoi sapere.

E alla fine? Beh, alla fine probabilmente chiuderai il libro con quella strana sensazione che qualcosa dentro di te sia cambiato. O, chissà, che qualcosa sia sempre stato lì, ma nessuno gli aveva mai dato un nome.

Io vado, ma tornerò. O forse no. Dopotutto, nessuno può garantire nulla sotto questo cielo che, tra noi, non è poi così facile da ingoiare.

* Tiago Rafael è un noto giornalista brasiliano

INTRODUZIONE

di Aldo Moraes*

Nato a Londrina, **Vagner Xavier** è poeta e firma di rubriche su **Jornal Filosofar** e sulla **Revista D'arte**. Ho conosciuto questo artista inquieto nel 2012, quando ero segretario della cultura di Londrina e lui presentava un libro presso la Biblioteca Pubblica Municipale.

Da allora siamo diventati amici e ho seguito il suo incredibile percorso di successo, ma soprattutto di superamento, in un paese che discrimina e dove una persona di colore deve lottare per affermare il proprio talento e il proprio lavoro.

Con una buona dose di ironia, influenze beatnik e una grande voglia di dialogare con il quotidiano, Xavier si rivela un autore con una musicalità e un profondo talento per scuotere le coscienze, come nel libro "**E quem poderia tolerar aquele céu**" (*E chi potrebbe tollerare quel cielo*), un'opera inquietante sia nei testi che nel titolo.

I piaceri della notte, i bar, il disprezzo per gli autori banali, una visione acuta dell'universo femminile e il sogno di un mondo più umano attraversano l'opera di Xavier.

Il poema ***Beach*** esprime bene il gusto per l'urbano e il rifiuto dei luoghi comuni:

"Quando vivi da molto tempo sulla costa impari che la spiaggia è un posto per andare in vacanza o per pensionati e non per viverci.
Ho bisogno del caos, del calore, della violenza, di proiettili vaganti, alluvioni, rapine, morte, depressione.
La spiaggia mi rende solo più depresso di quanto io sia normalmente..."

Attraverso il filtro creativo di Vagner Xavier, la vita scorre come un blues impazzito, alle 2 del mattino, con un tavolo da bar, ballerine frenetiche, una tela di Agenor Evangelista appesa al muro e dosi di alcol che distruggono la linearità delle cose.

In breve: correte in libreria e visitate il suo sito. Leggete Vagner Xavier, lui è il poeta che fa per voi!

*Aldo Moraes è musicista, scrittore e giornalista brasiliano; ex segretario della cultura di Londrina; agente territoriale di cultura presso la Fundação de Cultura do Estado de Sergipe.

E CHI POTREBBE TOLLERARE QUEL CIELO

alla mia famiglia, amici e lettori

Il mio Brasile

Ah, mio Brasile, che orgoglio
Essere brasiliano, un paese ricco

Di bellezze naturali, cultura, arte,
Letteratura e gastronomia, musica.

Le sue regioni turistiche si distinguono:
Il Nordest, con le sue spiagge, cultura e diversità culturale.

Il Sud, con la sua gastronomia, cultura europea
E i suoi paesaggi.

Il Nord, l'Amazzonia, le foreste e i fiumi.

Il Centro-Ovest, con Brasilia, il Pantanal
E la Chapada dos Guimarães.
La sua gastronomia è tra le più diversificate

Ad esempio: la feijoada, il churrasco,
L'açaí e in Minas Gerais il pão de queijo,

E la moqueca, un piatto di origine africana,
Preparato con pesce o frutti di mare.

Le bellezze naturali si distinguono:
L'Amazzonia, la più grande foresta tropicale del mondo,

Le spiagge del Nordest, come Porto de Galinhas (PE),
Canoa Quebrada (CE) e Jericoacoara (CE).

Le cascate di Foz do Iguaçu, situate nel Paraná,
Una delle più grandi cascate del mondo.

La Serra do Mar, una catena montuosa
Che attraversa il Sud del paese.

E il Pantanal, la più grande zona umida del pianeta,
Situata nel Mato Grosso do Sul.

Non possiamo dimenticare la città meravigliosa,
Rio de Janeiro, una città vibrante

Con spiagge mozzafiato, cultura ricca
E l'ospitalità carioca.

Nel Sud del paese si distinguono città come
Curitiba, nel Paraná, con una cultura europea.

Florianópolis, in Santa Catarina,
Con splendide spiagge e una ricca cultura.
E Porto Alegre, nel Rio Grande do Sul.

Abbiamo una lunga lista di artisti plastici
Che si sono distinti nel corso degli anni,

Sono considerati tra i più grandi artisti brasiliani,
Come Aleijadinho (1730-1814), scultore e architetto barocco;

Manoel da Costa Ataíde (1762-1830),
Pittore neoclassico; Pedro Américo (1843-1905),

Storica e ritrattista; Tarsila do Amaral (1886-1973),
Pioniera del modernismo brasiliano, e molti altri.

Nella letteratura, poi, abbiamo un'altra lunga lista,
Come Machado de Assis (1839-1908),
Considerato il più grande nome della letteratura brasiliana,
Autore di *Dom Casmurro* e *Memórias Póstumas de Brás Cubas*.

José de Alencar (1829-1877), scrittore romantico,
Autore di *O Guarani* e *Iracema*.

Gonçalves Dias (1823-1864), poeta e drammaturgo,
Considerato il primo grande poeta brasiliano.

Castro Alves (1847-1871), poeta abolizionista, autore
Di *Os Escravos*.

Rui Barbosa (1849-1923), scrittore, giurista e politico.
E molti altri ancora.

Per quanto riguarda la musica, citerò i miei artisti preferiti:
Legião Urbana, band rock nata a Brasilia,
Engenheiros do Hawaii, band rock gaucha,

CPM22, LS Jack, Charlie Brown Jr, Raimundos,
Duda Brack, Marisa Monte e tanti altri.

DERBY & AMADO BATISTA

Odio tutte quelle frasi motivazionali
mi vengono addirittura le nausea
ho venduto tutti i miei libri di Paulo Coelho &

Augusto Cury
in un mercatino dell'usato nel centro di Londrina
per prendere qualche birra al bar di Jaime

sono riuscito anche a comprare un pacchetto di Derby &
un CD di Amado Batista che ho regalato
a un mio amico lì al bar.
Ho è avanzato anche dei soldi per bere un *rabo de galo*.

I libri degli autori contemporanei la proprietaria del mercatino ha
detto che valevano meno perché nessuno legge quei tizi.

Automaticamente, dopo aver venduto i libri
motivazionali e smesso di leggere i libri

dei poeti contemporanei sulla libreria impolverata,
ho curato la cecità e un cancro al pancreas.

HAPPY NEW YEAR

Fai attenzione alla donna che è stata abbandonata recentemente
fai attenzione anche, caro mio, a quelle che sono state tradite
probabilmente sarai usato per fare ingelosire l'ex
perché lei ama ancora l'*idiota*
vuole vendetta
vuole mostrare agli altri che
è sopra la carne secca
fai attenzione alle donne che
stanno passando il Capodanno in giallo
probabilmente sono più distrutte di te
vai dritto verso quella in rosso
vai dritto verso quella in rosa
vai dritto verso quella in bianco
salta le 7 onde con fede
mangia le lenticchie
fai le tue preghiere
non desiderare male a nessuno
pensa anche alle persone che
in qualche modo sono escluse
dal capitalismo e non avranno neanche
da mangiare in questa notte di Capodanno
come tutti gli altri anni
rovistano nei rifiuti lasciati
dalla gente del Capodanno
fai attenzione agli animali inoffensivi

alla vigilia di Capodanno e anche durante tutto l'anno
pensa a loro, prenditi cura di loro

cerca di amare il prossimo più che te stesso
pensa a essere un essere umano migliore
e *and happy new year*!

ADDIO

Gli ordini sono sempre stati inversi
vettori, signorina
vettori, signorina

le signore vanno in chiesa
e io torno ubriaco dai bar
alle 6:00 del mattino

loro mi augurano una buona giornata
io alzo solo la mano
come chi saluta un disco volante

la gente va al mercato a comprare birre
io esco dalla farmacia con
un altro sacco di medicinali

come ho detto in una delle poesie precedenti
c'è sempre un nuovo problema
quindi vivrò ancora più intensamente

voglio solo fare meno cazzate
e evitare di saltare sulle casse audio
e evitare di perdere o essere derubato

non ce la faccio più a comprare l'Iphone
ogni anno.

Le bollette di tutti i bar sono state pagate in contante
o con carta di credito grazie a Dio presto non dovrai più

sopportare la mia mania di superiorità
presto non dovrai più
sopportare la mia arroganza

il mio successo dà fastidio, lo so
il numero della mia sedia
nell'accademia marginale di lettere è zero
presto non dovrai più sopportare

il mio perfezionismo
e presto entrerò nell'eternità
caro mio, parlami un po' di te?

dimmi quale stazione radio sta suonando
una tua hit di successo?

e venderò molte copie di
"Queste belle nuvole bianche

nel cielo feriscono solo gli occhi"
addio, ragazzi!
hasta luego!
goodbye!

LONGCHAMPS

(Per il mio caro amico poeta argentino Pablo Andrés Rial)

Caro amico, sono molto felice
Di questa connessione

Che esiste tra noi, oltre allo stile simile
Che abbiamo nella scrittura.

Ti ammiro molto, sei una delle grandi voci
Della poesia argentina.

Sei sempre molto caro, sempre facendo video
delle mie poesie, e traducendo il mio libro.

Facendo interviste con me
Sulla mia carriera.

Ho una enorme Passione per l'Argentina
E una grande ammirazione per te.

Ti voglio molto bene, amico mio,
Grazie mille per la tua amicizia.

Sono davvero felice per questo
E spero che la nostra amicizia
Possa durare per sempre!!!

Non rinuncerò all'amore

Oggi ho promesso a me stesso
Che non rinuncerò più all'amore.

Anche se mi spezzerò in mille pezzi
E le rose di primavera si chiuderanno,

E nemmeno se sbaglierò ancora
E mi innamorerò follemente della persona sbagliata,

Anche se il mio cuore sanguinerà,
Io credo nell'amore, nell'amore vero e innocente,

Nel luccichio degli occhi, nelle favole.
Non rinuncerò all'amore.

Ora che il mio cuore è libero e tranquillo,
Credo di essere pronto ad amare,

E saprò il momento giusto per donarmi a questo amore.
E lei sarà più bella

Di un'alba a Mosca,
Perché vedrò la luce nei suoi occhi,

E il suo splendore mi condurrà da lei.
E le porte del mio cuore saranno aperte,
Perché lei possa entrare e trovare l'amore.

CARTAGENA

Una mia amica giornalista è a Cartagena,
In Colombia.
Anzi, amica no, la seguo solo su Instagram.

Si chiama Monique Cardone,
Una giornalista famosa qui in Brasile,
Una vera bellezza.

Forse ci andrò l'anno prossimo,
All'Encuentro de Poetas del Mundo,
Organizzato dal grande amico cileno

Luis Arias Manzo,
Una grande personalità mondiale
E generale dei Poeti del Mondo.

Amo molto l'America Latina,
La sua cultura,
E sogno un giorno di poter conoscere

I paesi dell'America Latina
In questi ricchi incontri di poesia.
Penso che si realizzerà,

Che Dio ci benedica,
E che le vittorie
E le conquiste continuino.

BEACH

Quando vivi da tanto tempo sulla costa
impari che la spiaggia

è un posto per passare le vacanze
o per i pensionati, e non per viverci.

Ho bisogno del caos, del caldo, della violenza
del proiettile perso, alluvione, rapina morte, depressione

la spiaggia mi rende solo più depresso di
quanto sia normalmente il traffico è insopportabile

in questo posto durante l'alta stagione i supermercati
sono sempre pieni come terminal e autobus

se ti ammali sei fregato ci vorranno più di
due ore prima che ti curino
fortunato che sono registrato nel sistema sanitario

il posto è deprimente, persone da tutto il Brasile
praticamente multiculturale, una spazzatura

altre lingue, turisti, ubriachi
argentini, uruguaiani, turisti, haitiani

spazzatura ovunque sto regalando biglietti
di andata per nessun posto

l'offerta è valida solo fino a stasera
voglio rimanere addormentato per tre anni di fila

probabilmente nessuno sentirebbe la mia mancanza
in realtà voglio darmi un calcio nel sedere
e sparire da questo posto.

CHIMICA DELL'AMORE

Come possono due spiriti che non si sono
mai incontrati prima

Essere legati l'uno all'altro,
Innamorarsi intensamente

Come se fossero anime gemelle?
In un bel pomeriggio freddo d'autunno,

I loro sguardi si incrociarono per la prima volta
Alla stazione del treno,

E la neve cadeva sui binari,
Come se Cupido avesse colpito le loro anime

E acceso la fiamma della passione.
Lo scambio reciproco di sguardi,

Il cuore che batteva più forte,
Le mani diventate fredde,

E ciò che si vedeva in quel pomeriggio
incantato era un'immensa gioia e felicità

Nei sorrisi dei giovani innamorati.
Un bacio dolce e prolungato avvenne,

C'era un'armonia che li univa,
Come se si conoscessero da vite passate.

Era la tanto discussa chimica dell'amore?
Le mani che non si lasciavano nemmeno per
un secondo, e lo splendore e la tenerezza
nei loro sguardi, a irradiare tutto l'ambiente intorno.

Fatti l'uno per l'altro,
Con la missione di amarsi.

Non so

Non so perché sento nostalgia o la mancanza di te
di qualcuno che dice che non ha mai tempo per nulla

ma in realtà non ha tempo per vedermi o incontrarmi
non so perché considero di averti conosciuto

mi sembravi una persona dolce e affascinante
ma in fondo sei più persa di me

non so perché ancora penso a te
dovrei toglierti dalla mia testa

l'unica soluzione allora sarebbe toglierti dai miei
pensieri perché nel mio cuore
tu non sei mai stata.

INDIANI

La natura era splendida
Quando l'indiano lavorava la terra.

Nella foresta vergine, abitava
E nel regno animale, cibo naturale.

Dentro una capanna,
Nasceva il bel indiano.

In questo ambiente, cacciava
Il suo nutrimento: la frutta e la pesca.

Nel Mato Grosso, viveva.
Indiano di fronte a una telecamera

La sua nudità immacolata.
Comunicano in una lingua

Che gli uomini non possono capire
Così, mai li potranno imprigionare.

CHE NEANCHE I NOSTRI SOGNI MUOIANO

Che neanche i nostri sogni muoiano
Diceva il poeta serbo Vasko Popa.
E che neanche il nostro coraggio muoia!
Viviamo la nostra bellissima gioventù...
Brindiamo alla vita!
Celebriamo i nostri trionfi
I giorni di lotta
E le notti calme e tranquille.
Brindiamo a un'altra stella nel cielo
Brindiamo a un altro giorno di vita
Brindiamo a un giorno di sorrisi!
Voglio celebrare la mia poesia!
Voglio celebrare la mia gioia
Voglio celebrare la salute piena e perfetta!

SALVERÒ LA TUA VITA CON LE MIE POESIE
O TI UCCIDERÒ PER SEMPRE

(Poesia che ho scritto nel laboratorio di Poesia Libera, coordinato dal caro Jerônimo Bittencourt)

Vorrei che le mie poesie
Fossero come una messa.

Vorrei avere seguaci, fedeli, peccatori.
Vorrei avere i poteri di Gesù
Per toccarti e guarirti.

Salverò la tua vita con le mie poesie
O ti ucciderò per sempre.

Sai, amico, non lasciarti abbattere dalle critiche,
Non restare a testa bassa.

Sai, sei importante,
Almeno per me.

Puoi contare su di me
In ogni momento,

Anche nelle tue ore più oscure,
Nei momenti di paura &
Incertezze, quando ti senti
Debole.

Lo so, amico, anch'io mi sono sentito così.
Camminiamo insieme
Per il sentiero sereno,

Quel sentiero speciale
Di amore & carità.
Vorrei vederti
Brillare con me.

Ho imparato da Senna

Ho imparato da Senna
L'audacia.

Ho imparato da Senna
Determinazione & coraggio.

Ho imparato da Senna
La freddezza a Suzuka 1990.

Ho imparato da Senna
Il cammino delle vittorie.

Ho imparato da Senna
Ad amare il mio paese
e la mia patria.

Ho imparato da Senna
Come essere un vero e
Autentico campione.

Ho imparato da Senna
Sotto la pioggia.

Ho imparato da Senna
A Donington Park.

Ho imparato da Senna
L'impossibile.

Ho imparato da Senna
Ad essere: Indimenticabile.

Mambo Jambo

So che non mi hanno tolto la mia vita da me
la vita è passata più veloce di una canzone punk rock!
Mi piacevano i Green Day
mi piaceva la mia vita
volevo tanto la fama
ma sto vedendo il lato cattivo di essa
ho pianificato tutto & non c'è nulla di pianificato
credevo nella magia, ma la vita è pazza
molto più pazza di una canzone di mambo jambo!
Ho bisogno di passare un mese in Messico
arriba arriba, messicane, tequila che delizia
per un brasiliano che ama vivere avventure
dimentica il clima europeo, dimentica il Paraná
dimentica il lavoro, dimentica la tua vita
dimentica le ragazze fresche del sud
mambo jambo, verso il Messico!

REALLY YOU

La distanza ci farebbe male
tu dici che mi ami, mi ami, mi ami
ogni giorno
non c'è bisogno di farlo
è arrivato l'autunno, piove fuori
voglio credere in te
voglio credere nel tuo amore
ma sembra che sia finito
sento la tua tristezza nel mio cuore
non riesco a staccarmi da te
la mia anima sente freddo
sei stata una delle cose migliori
in questi ultimi tempi
adoro i tuoi baci
adoro il tuo profumo
adoro il tuo amore
voglio credere in te
vorrei credere nel tuo amore
sento che questo non è ancora finito.

MOTO VELOCE

Hai una moto veloce
dici che mi ami e mi vedrai a maggio
allora potremo riprendere i nostri legami

ti mostrerò questa isola e tutto il mio splendore qui
berremo qualche birra e faremo un giro
hai una moto veloce

così veloce come i tuoi occhi
abbiamo quasi perso le nostre vite
a un incrocio lì vicino al super *golf*

ero in vacanza
volevo solo riposarmi
non era nei miei piani
incontrare qualcuno

poi mi incontrasti in una stazione di servizio
totalmente ubriaco, ma mi eri piaciuta
venti giorni di un amore inventato

il nostro amore era incredibile
e tutti volevano sapere
viviamo ubriachi, eravamo sballati d'amore

poi la realtà è arrivata con un raggio di luce al mattino
siamo diventati sobri di noi stessi
tu dormivi con la giacca

la sveglia suonò
prendesti la tua moto
e te ne andasti

quattro lunghi giorni di incertezze
hai una moto veloce ma non è
così veloce da arrivare qui sulla costa di SC
Bratislava è a 800 km a nord dell'isola
tu ami da lì che io amo da qui

ora hai un lavoro
le cose stanno andando bene per te
credi in me, allora vedrai
hai comprato le fedi

mi hai fatto tanti regali come nessuno ha fatto
mi sono sentito come un bambino viziato a Natale
hai una moto veloce

così veloce come i tuoi occhi
il tuo amore, così fugace
così preciso come le tue decisioni

dici che mi ami, allora voglio vedere
sembra che tu stia andando bene
ora hai un nuovo lavoro

c'è qualcosa che occupa la tua mente
mia madre ti piace ricordo quando giravo
sulla tua moto

a volte ubriaco ma mi sentivo così sobrio
quando ti abbracciavo

e sentivo che davvero ero amato,
guardato, l'unico
sentendomi davvero vivo.

IL FIGLIO CHE NON HO MAI AVUTO

Il figlio che non ho mai avuto
Ascolta la mia stessa musica,
Le stesse band.

Un ragazzo super intelligente,
Super interessante.

Il figlio che non ho mai avuto
Ama praticamente le stesse cose
Che piacciono a me.

Così caro, così amato,
Così perspicace.

Il figlio che non ho mai avuto,
Così speciale, così raro.

Vorrei che tu non fossi triste
Quando ti chiamo
Mio figlio.

SBANCANDO UN ALTRO INGEGNERE

Sbancando un altro ingegnere è stato lo stesso che
è successo con il piccolo promotore di merda

curando la sbornia con Fanta
credeteci se volete, ho pagato 6 manghi per essa
un vero furto

il marchese de Sade mi darebbe un 10
sto facendo una pausa dalla città
dai turisti, sto andando in nessun posto

trovo rifugio sulla spalla di uno sconosciuto
mi sento a mio agio in qualsiasi stagione

un straniero che chiede l'elemosina in spagnolo
sono le 11:34 e il prossimo autobus è il mio

farò il carnevale all'inferno
la temperatura qui è di 28 gradi
bye bye Floripa, a presto.

ELIS

Sei un regalo di Dio
sei una delle mie migliori amiche

sei bellissima dentro e fuori
continua sempre a essere

questa persona meravigliosa
che sei, ho visto la tua bellezza interiore

non smettere mai di essere così
non lasciare mai che qualcuno ti renda triste
o ti faccia sentire giù,

perché sei il massimo
la tua semplicità illumina ogni luogo
voglio essere sempre tuo amico.

For Aline Bei

Forse era un miraggio
ho parlato
con Aline Bei
ho azzerato la vita
ho sorriso, mi sono emozionato
ho sentito la sua dolce voce
ho visto un pezzo
di una pièce teatrale
basata sulla sua opera
vicino a lei
poesia in forma di ragazza
un essere angelico
non ho mai incontrato Julia Roberts
non ho mai toccato Sharon Stone
ma con gli occhi ben aperti
ho visto Aline Bei
non ho mai sognato con Florbela
non ho mai mentito a Clarice Lispector
ma giuro
che ho visto Aline Bei.

PATRÍCIA

Sono io stesso con te
autentico
ho paura di perderti
prima ancora di conoscerti
avevo rinunciato a amare e
tu sei apparsa
sei autentica e una
vera bellezza e
mi piaci tanto
non vedo l'ora di conoscerti
vederti a occhi nudi
toccarti, sentire il tuo corpo caldo
sul mio, ascoltare i battiti del tuo cuore
abbracciarti, baciarti affinché
tutti possano vedere il nostro amore
quelle passioni ardenti dell'adolescenza
poter toccare le curve del tuo corpo
nulla può separarci
presto sarò tra le tue braccia
ti desidero tanto!!!

NEVICAVA IN CIMA

Dopo una corsa estenuante
di più di 48 ore

anche se non ero il favorito
era vincere o vincere.

Sono partito ultimo, ho dovuto cambiare il motore
della macchina ho cominciato a sorpassarli, uno ad uno
poco a poco

pioveva, poi si fermava.
Accelerando al massimo, essendo aggressivo
sul bagnato come lo sono sul secco

allineo la mia macchina con quella del tedesco e lui
non toglie il piede

lo sorpasso, lui mi dà un X nella curva successiva.
[Non esiste competizione nella letteratura.]

Il pubblico è in piedi
siamo di nuovo sul podio
il tedesco è il mio idolo e lo sarà sempre.

LEGADO 2
(ispirato dalla poesia di Caio Augusto Leite)

Portogallo-Spagna-
Africa & indios
questi sono i luoghi
menzionati nei registri

di nascita dei miei nonni / bisnonni
sono molto più brasiliano di quanto sembri
sono molto più latino-americano di quanto sembri essere
-questo posto questo tempo-

cognomi degli antenati non c'è più nessuno qui….
ma nel mio cuore ci sono
nel cielo anche

del pregiudizio che hanno affrontato
mi sono rimasti solo i ricordi e tristezze
è ovvio che tutto va via in questa terra di pirati

& senza confini abito qui portati sulle navi negriere
il sangue dei miei antenati versato è arrivato a me
che non so nulla eredità dell'odio
di quella lingua che tutti

i sudamericani sanno
ho imparato a scuola a scrivere il portoghese,
l'inglese all'università lo spagnolo

anche - più o meno la stessa cosa
città, la scoperta, il cimitero
- il riposo eterno -
non mi dimenticherò mai.

UN ALTRO SOGNO

sole, strada, autobus
era solo un sogno, ragazza
era solo un altro delirium

sinceramente, non so se fosse reale
prenderò Uber per la strada, sto arrivando,
la città sembra un autodromo di corse automobilistiche
reale, irreale, irrazionale

accendo una sigaretta sul balcone dell'hotel
c'è un ponte molto bello di fronte al balcone
di notte diventa colorato
conto le ore per vederti

pranzo in una churrascaria elegante
sole, strada e caos dell'interno
mi giro nel letto e non dormo

sei così reale, così bella e carina
sei così reale e calma
proprio come nei miei sogni.

Fabi

vedo ragazzi che camminano per la strada
vedo che vanno in bicicletta
vedo un vecchio amico
camion, e tutto quello che sento per te
nessuno ha mai fatto quello che mi hai fatto
mi sento come un bambino
mi fai tanto bene
voglio restare sempre al tuo fianco
nessuno ha mai fatto quello che mi hai fatto
sei tanto cara per me
sei una bellezza
sei intelligente, lo sai
bevo una Heineken e
scrivo questa poesia per te
sono ubriaco da ieri
e non esci dai miei pensieri
Sei bella e meravigliosa
adoro fare l’amore con te
estoy dentro de ti
e tu sei in me.

ALINE IN UN BAR

ho incontrato Aline in un bar
era sempre bella e meravigliosa
quasi una regina
mezzanotte a Cambé
e tutti i miei amici persi
e io ascoltando Bon Jovi
è una canzone di Bon Jovi
sono solo e la mia gatta mi ha lasciato
è mezzanotte a Cambé
nessun santo ha pietà di me
un bambino in me
mezzanotte a Cambé
e nessun bambino ha pietà di me.

IL MIO CUORE

Il mio cuore è una aula vuota
che suona Nirvana

Il mio cuore è una brina nera
Il mio cuore è un cactus

Il mio cuore è una aula piena che suona
Rock n Roll High School

Il mio cuore è una casa infestata
Il mio cuore sono le poesie di Greg Gilbert
Il mio cuore è la sedia elettrica.

Io sono

Io sono Apollo Creed
nella lotta contro Drago
sono Senna nella curva Tamburello
sono Kurt Cobain con il fucile alla testa
sono Chris Cornell nella sua stanza d'albergo
sono Jack nel film Titanic
sono Prost nel GP di Suzuka 1990
come Mansell & Senna
sarà difficile che qualcuno tiri il piede.

La mia stanza

La mia stanza
sembra un altare

di una chiesa
con tante candele

accese
con promesse
non mantenute.

MI MANCA

Mi manca quella ragazza
che lavorava nella grande azienda di polli
della mia cittadina

la cui vita era basata sul lavorare & amarmi
Mi manca quella ragazza della città vicina
che era un amore e che viveva sorridendo per me

e che nei fine settimana
passava da me o veniva a casa mia
Mi manca quella ragazza

che lavorava nella grande azienda di polli
della città vicina alla mia che si accontentava

di andare in autostop
o autobus, moto-taxi

andare in bar a mangiare porzioni di patatine fritte
Grazie per essere stata la mia migliore fidanzata.

Sei così bella

Sei così bella come un gol su punizione
all'45° minuto del secondo tempo

Sei così bella come la Tour Eiffel
Sei così bella come le splendide spiagge di Floripa

Sei così bella come la primavera a Parigi
Sei così bella come le poesie di Vinicius de Moraes

Sei così bella come il canto degli uccelli
Sei così bella, così bella che non voglio mai dimenticarti!!!

Nevicava sull'Isola

Nevicava sull'isola
Canasvieiras
Jurerê Internazionale
Jurerê Tradizionale

Daniela
Praia Brava
Ponta das Canas
Cachoeira do Bom Jesus
Rio Vermelho

Nevicava sull'isola
Santo Antônio de Lisboa
Ratones
Saco Grande

Nevicava sull'isola
Centro
Lagoa da Conceição
Praia Mole
Barra da Lagoa

Nevicava sull'isola
Pântano do Sul
Ribeirão da Ilha
Campeche

Praia da Armação
Lagoa do Peri
Morro das Pedras.

JUNINHO

Ehi Bro, siamo sempre stati i migliori in tutto
Nello skate eri il migliore nella strada
Io ero meglio di te nel mini-ramp

I nostri skate erano i più costosi
Siamo sempre stati figli di papà
Ricordo quando ascoltavamo rock

E i CD di Eraldinho
Vestiti costosi e di marca
Bro, ricordo tutto

Ricordo molte cose
Eri autentico da morire
Nel calcio eri il migliore

Tu avevi successo con le ragazze
Conquisti ragazze fantastiche
Anche una delle mie migliori amiche

Una persona dolce e amata
Rafaela Herreira
Credo fosse la tua prima fidanzata

Nelle liti, finivamo sempre pari
Alla fine, entrambi abbiamo ancora oggi cicatrici

Delle nostre lotte da bambini
Ho ancora oggi questa cicatrice sul viso

Siamo più che amici
Siamo fratelli

Ricordo quando avevo delle difficoltà
E prendevo medicine

Mi fermavo davanti alla casa dei tuoi genitori
E dopo le mie camminate
Mi davi ottimi consigli

Mi mostravi i tuoi figli che giocavano
Sono la tua faccia

Di quando eri bambino
Poi riprendevo il mio cammino

Ricordo come siamo sempre stati
Grandi amici, le nostre famiglie anche

Intrecciate, mio nonno ha lavorato con tuo
padre alla stazione dei treni mia nonna era molto
amica di tua madre, che è venuta a mancare

La vita è andata avanti, tu hai costruito una
bellissima famiglia, figli splendidi e una grande donna
Io sempre alla ricerca dei miei obiettivi

Ho sempre voluto essere grande in qualcosa nella
mia vita mi sembra di esserci riuscito

Essere un grande scrittore
Bro, voglio solo ringraziarti
Per questa bellissima amicizia che ho con te!!!

Se potessi aiutarti
Se potessi darti tutto il sangue del mio corpo
Se potessi darti il mio corpo

Per farti uscire da questa situazione
Ma sono sicuro che ce la farai
Sono sicuro, per Dio nulla è impossibile

Io e i nostri amici
Preghiamo sempre per te
Bro, voglio solo dirti:

Grazie mille per essere sempre stato
quell'uomo autentico e sincero
Il guerriero che sei sempre stato

Non arrenderti e non smettere mai di lottare
I nostri amici sono anche in preghiera

Ogni giorno
Amico, sarai sempre nel mio cuore.

SONO FELICE

Sono felice
Non ho più bisogno

Di scappare da me stesso
Sono felice
Ho ottenuto

Ciò che ho sempre voluto
Sono felice

Non ho più bisogno
Di te

Per dormire
Sono felice

Ti vedo
Qui intorno
Sono felice.

In cima

In cima
È sempre stato
Un
Luogo
Oscuro
Strano
Solitario
E spaventoso
Per me
In cima
Incontro i miei
Mostri
Con facce verdi
Che mi fanno le smorfie
In cima
Confondo
Gli haters con i fan
I fan con gli haters
In cima
Mi sento
Così solo
In cima
Prendo antidepressivi
Per dormire
In cima
Non ricordo più
Il sapore di un bacio

In cima
Sono amico delle stelle
In cima
Mi nascondo
Nelle tenebre
In cima
Mi sveglio dopo
Un altro terribile incubo
In cima
Vorrei tornare
All’inizio
Dove tutto è cominciato.

QUANTE COSE SONO ACCADUTE

Quante cose
sono accadute

nel tempo
in cui

sono rimasto
addormentato.

JAGUAR

La visita agli antenati nel cimitero
il succo di anguria non placa la sete del ragazzo
latinoamericano

la punta affilata del coltello non ferisce il suo volto
tra il cammino più lungo e quello più corto,
preferisce il più corto

il sogno con la poetessa nipponica
lei aveva freddo

la riscaldai con una coperta
attraversai un ponte, sotto il ponte c'era un fiume

l'autobus era veloce e furioso
fece due giri sulla pista e poi prese fuoco

fortunatamente riuscimmo a salvarci
Herman mi vendette un libro firmato per
un'altra persona

voleva *Águas Caladas*
ma era finito

Quindi ho venduto
Essas belas nuvens brancas no céu
só agridem os olhos

i giovani volevano sapere quale strada seguire
gli dissi che la strada migliore era la più breve.

RINGRAZIAMENTI

Ringrazio le Edizioni We, in particolare Nicola Bergamaschi, per la pubblicazione del mio primo libro di poesia in italiano. Inoltre, desidero congratularmi per la traduzione realizzata dall'autrice italo-brasiliana Simona Adivíncula.

Grazie!

NOTE SULL'AUTORE

VAGNER XAVIER è nato nel 1983 a Londrina – Paraná.

È scrittore, poeta e collaboratore della rivista D-arte.

Ha pubblicato sette libri: Mais uma noite (2012), editore Multifoco; Agridoce (2013), editore Protexto; Águas Caladas (2015), editore Penalux; Céu de Chumbo (2018), editore Trevo; Nós somos intermináveis como o mar (2019), editore Dhias; Essas belas nuvens brancas no céu só agridem os olhos (2022), Opera Editorial e la seconda edizione di Nós somos intermináveis como o mar (2023), Opera Editorial.

Lo scrittore è membro del Portal do Poeta Brasileiro, Poetas del Mundo, Literarte: Associação Internacional de Escritores e Artistas Plásticos, Batuque na Caixa-Londrina-PR, e del Coletivo Escritas Pretas.

È membro di sei accademie letterarie:

- ALAF: Accademia di Lettere e Arti di Fortaleza
- ALG: Accademia di Lettere di Goiás
- Cavalieri di Cristoforo Colombo con il grado di Commendatore
- Accademia di Lettere del Brasile/Sezione Svizzera.
- Nucleo di Lettere e Arti di Buenos Aires/Argentina
- AILB: Accademia Internazionale di Letteratura Brasiliana

Nel corso della sua carriera ha collezionato numerosi premi nazionali e internazionali.

INDICE

E CHI POTREBBE TOLLERARE QUEL CIELO

DI VAGNER XAVIER

www.ingramcontent.com/pod-product-compliance
Lightning Source LLC
LaVergne TN
LVHW090124160826
845673LV00015B/841

* 9 7 9 1 2 5 4 9 7 2 0 4 5 *